DIE MASKE

Hubert Wagner

*Margot ist ein sehr hübsches Mädchen.
Sie ist bei ihren Mitschülern beliebt
und immer sehr freundlich zu alten
Leuten. Sie hat einen sehr großen
Defekt - sie ist eitel. Sie verbringt viel
Zeit, um ihre Fingernägel zu lackieren,
ihre Kleider in Ordnung zu bringen,
ihre Haare zu frisieren. Ihr ganzes
Taschengeld gibt sie in Modeboutiquen
und Parfumerien aus.*

BEARBEITUNG, ÜBUNGEN U̲...
EDITING MILLER S̲...

D0710166

ERSTE...

BELIEBTE GESCHICH... ...NEM BÜCHLEIN.
SIE SIND LEICHT ZU LESEN UND AUSSERDEM LUSTIG!

La Spiga languages

DIE MASKE

Jeden Morgen steht Margot um sechs Uhr auf. Sie duscht sich[1], dann frühstückt[2] sie. Später ruft sie ihre Freundin Helga an und weckt sie. Helga steht im letzten Moment auf und macht sich in einer viertel Stunde kurz zu recht.

1. *sich duschen*

2. *frühstücken*

✎ Wie heißt der Infinitiv?

er sitzt   sitzen

sie isst   ....

du grüßt   ....

ich kämme mich   ....

ihr müsst   ....

er kann   ....

sie hört   ....

du trinkst   ....

✎ Bilde Sätze mit den obigen Verben!

....

....

....

....

....

....

Helga mag den Chemieunterricht[1] sehr. Sie macht die Experimente besser als alle anderen in ihrer Klasse[2]. Margot dagegen macht sich ihre Hände nicht gern schmutzig[3]. Vor der Chemiestunde diskutiert Margot mit ihren Freundinnen Gerda und Marianne über die neueste Nagellackfarbe.

1. r Chemieunterricht

2. e Klasse

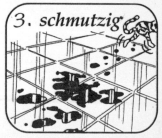

3. schmutzig

✎ **Ordne die einzelnen Wörter und bilde Sätze!**

um 6 Uhr / Margot / früh / auf / steht

....

geht / sie / Bad / ins

....

von / ist / Helga / eine Freundin / Margot

....

will / in die / nicht / Schule /gehen / Rolf

....

zur / mit dem Bus / Margot / fährt / Schule

....

die Experimente / gut / Helga / macht

....

In diesem Moment kommt auch Helga dazu. „Oh Helga", sagt Margot, „was meinst du, ist die schwarze oder die rosa Farbe besser?" „Ich weiß nicht. Ist das denn so wichtig?", fragt Helga. Die Mädchen[1] lachen[2] laut und Margot sagt: „Mein Gott, du weißt auch wirklich gar nichts, Helga." Helga erwidert: „Ja, ich bin nicht so dumm wie du!"

1. *s Mädchen*

2. *lachen*

ÜBUNGEN

✎ **Was passt nicht in die Gruppen?**

Parfum - Creme - Puder - Maske - Salz

Schule - CD - Pause - Lehrer - Heft - Radio

Bluse - Hose - Rock - Koffer - Pullover

Wiese - Gewitter - Regen - Hagel - Schnee

Bad - Keller - Fußboden - Küche - Sofa

Mutter - Vater - Onkel - Bruder - Freund

✎ **Setze die fehlenden Artikel ein!**

die	Maske	....	Salz
....	Schule	....	Lehrer
....	Heft	....	Schnee
....	Mutter	....	Sofa
....	Rock	....	Freund

„**D**u bist eifersüchtig auf uns, weil du hässlich[1] bist", sagt Marianne. „Wie kannst du es wagen, das zu sagen!", sagt Helga. Margot beleidigt sie auch. „Schau einmal in den Spiegel[2], Helga!" Helga beginnt zu weinen[3].

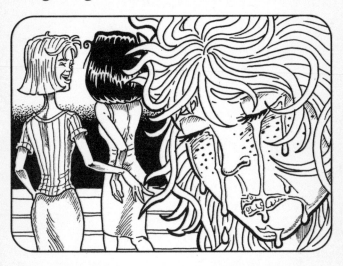

1. *hässlich*

2. *r Spiegel*

hübsch

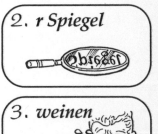

3. *weinen*

✎ **Kreuz die richtige Antwort an!**

Warum hat Margot nicht gern Chemie?
- ☐ Sie will sich nicht schmutzig machen.
- ☐ Die Experimente gelingen ihr nicht.
- ☐ Sie mag Chemie nicht.

Was will der Bruder von Margot?
- ☐ Er will ihr bei den Hausaufgaben helfen.
- ☐ Er will Geld, um Blumen zu kaufen.
- ☐ Er will sein Fahrrad zurück.

Wofür gibt Margot ihr Tascheneld aus?
- ☐ Für Süssigkeiten.
- ☐ Für Make-up.
- ☐ Für Bücher.

Um wie viel Uhr steht Margot morgens auf?
- ☐ Um 7.00 Uhr.
- ☐ Um 6.00 Uhr.
- ☐ Eine viertel Stunde vor Schulbeginn.

Am gleichen Abend[1] macht Margot ihre Hausaufgaben. Ihr Bruder kommt in ihr Zimmer und fragt sie: „Kannst du mir Geld leihen? Ich möchte Mutti Blumen[2] kaufen? Morgen ist ihr Geburtstag!" „Es tut mir leid, Lorenz. Ich muss morgen in der Parfumerie eine neue Wimperntusche und einen Lippenstift[3] kaufen", antwortet sie.

1. *r Abend*

2. *die Blumen*

3. *r Lippen-stift*

10

✎ Rätsel.

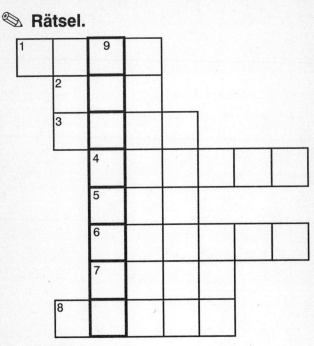

1 Schluss
2 weibl. best. Artikel
3 Hauptstadt der Schweiz
4 Protagonistin dieser Geschichte
5 Gegenteil von *jung*
6 Alle Kinder besuchen sie.
7 3. Person Sg. von *können*
8 Wie heißt die Freundin von Margot?
Was ist Nr. 9? ....

„**S**chade!", sagt ihr Bruder. „Was hast du auf deiner Wange[1]?" „Wo?" Margot rennt ins Bad. „Oh mein Gott! Ein Pickel. Er ist enorm. Furchtbar!", schreit sie schockiert. Sie findet einen Tiegel[2]. Eine *Wunderkräutermaske*.

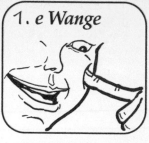

1. *e Wange*

2. *r Tiegel*

✎ **Setze die Präpositionen ein!**

auf - auf - auf - auf - aus - bei - in - in - in - in - über - zu

Heute bleibt der Vater .... Hause.

Helga ist eifersüchtig .... Margot.

Margot hat einen Pickel .... der Wange.

Margot geht .... das Badezimmer.

Margot schaut .... den Spiegel.

.... der Parfumerie kauft sie eine Maske.

..... dem Tiegel steht Wunderkräutermaske.

Sie trägt die Maske .... das Gesicht auf.

Sie geht .... dem Haus.

Sie hört .... ihren Freundinnen Musik.

Helga lacht .... Margot.

Die Schüler sitzen .... der Klasse.

Sie liest[1] die Instruktionen: Leicht auftragen und maximal zwanzig Minuten
einwirken lassen. Dann mit warmem
Wasser abwaschen. „Ich werde eine
dickere Schicht auftragen", sagt Margot
zu sich, „und sie die ganze Nacht[2]
einwirken lassen. Morgen muss dieser
schreckliche Pickel wieder weg sein!"

1. *lesen*

2. *e Nacht*

Zeichne das Gesicht von Margot mit der aufgetragenen Maske!

Der Wecker[1] klingelt um sechs Uhr und Margot rennt sofort ins Badezimmer, um die Maske[2] abzuspülen. Aber es gelingt ihr nicht. Sie versucht es mit warmem, heißem und kaltem Wasser. Sie kratzt mit den Fingernägeln[3], aber die Maske bleibt. Sie ist hart und sie kann auch ihren Mund nicht mehr bewegen.

1. r Wecker

2. e Maske

3. die Finger-
nägel

✎ **Beschreib die Bilder!**

Margot steht um 6 Uhr auf.

Margot ....

Sie ....

Helga ....

Helga ....

Margot ....

Sie geht in das Schlafzimmer ihrer Eltern[1]. Ihre Mutter öffnet die Augen und schreit. Sie weckt den Vater. „Margot, bist du es! Was ist dir passiert?"
Sie zeigt ihren Eltern den Tiegel und jetzt verstehen sie.
„Kannst du nicht lesen?" Margot bleibt stumm. Ihr Vater ist wütend. „Gut", sagt er, „jetzt ziehst du dich an[2] und gehst zur Schule!"

1. *die Eltern*

2. *sich anziehen*

✎ **Such 12 Wörter!**

U	E	I	M	E	H	C	F	Z	Q
N	J	X	P	A	R	F	U	M	S
T	M	Y	D	E	T	Q	A	S	X
E	H	J	M	L	K	H	K	W	A
R	C	E	A	A	H	G	A	E	P
R	Y	G	K	B	S	N	K	N	U
I	Q	Z	E	P	G	K	I	N	D
C	D	A	U	E	T	J	E	Y	E
H	Z	S	P	I	E	G	E	L	R
T	A	S	C	H	E	P	U	Y	O

Wange, ...

....

....

....

....

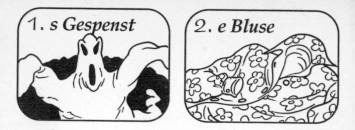

1. s Gespenst 2. e Bluse

„**Z**ur Schule?! So, wie ich aussehe? Ein Gespenst[1]!" Aber ihr Vater meint es ernst! Sie geht mit gesenktem Kopf auf die Straße. Jetzt klingelt es gerade zum Unterricht. Marianne sagt: „Hör zu, deine Maske ist grün und meine Bluse[2] rosa, das passt nicht zusammen. Wir können uns heute nicht zusammen setzen." Dann geht sie lachend weiter.

✎ Wohin gehören die Dinge?

Apfel - Bett - Dusche - Gabel - Kleider -
Kochtopf - Make-up - Maske - Messer -
Nachthemd - Pantoffel - Schuhe - Seife -
Spiegel - Teller - Zahnbürste

Badezimmer: ....
....
....
....

Küche: ....
....
....
....

Schlafzimmer: ....
....
....
....

Helga kommt ins Labor[1] und lacht. Als sie ihre Freundin sieht, sagt sie: „Margot, hier ist neben mir ein Platz frei, wenn du willst, setz dich zu mir." Margot folgt Helga und setzt sich neben sie. Gerda und Marianne sitzen neben dem Fenster[2]. Alle lachen immer noch über sie. „Komm her, Dummkopf", sagt Helga. Aber Margot weint und Tränen laufen über ihr Gesicht.

1. *s Labor*

2. *s Fenster*

ÜBUNGEN

✎ **Bilde Fragesätze!**

Was hat Helga gern?
Helga hat *Chemie-Unterricht* gern.

....

Der Bruder fragt *Margot* nach Geld.

....

Er braucht *das Geld* heute fürs Kino.

....

Die Maske soll nur *20 Minuten* einwirken.

....

Helga und Margot sind *Schulfreundinnen*.

....

Margot findet eine Maske.

....

Gerda und Maria sitzen *neben dem Fenster*.

1. *hineinschauen*   2. *e Spur*

Dann lächelt Helga plötzlich und hält
Margot einen Spiegel hin und sagt:
„Schau hinein[1]! Schau hinein!", wieder-
holt Helga freundlich. Margot schaut in
den Spiegel und sieht zwei weiße
Spuren[2] auf ihrem Gesicht, dort, wo die
Tränen laufen. Die Maske löst sich auf.
Sie kann es kaum glauben.

✎ **Beantworte folgende Fragen!**

Wofür gibt Margot ihr Taschengeld aus?

....

Was hat Margot im Gesicht?

....

Wie lange soll die Maske einwirken?

....

Womit will Margot die Maske abspülen?

....

Was kann Margot nicht mehr bewegen?

....

Was zeigt Margot ihren Eltern?

....

„**D**as Salz der Tränen! Eine ganz einfache chemische Reaktion[1]!" „Helga, oh Helga, danke. Ich war gestern so garstig[2] zu dir, entschuldige!"
„Mach dir keine Sorgen. Jetzt verstehst du, wie ich mich gestern fühlte."
„Ja, ich verstehe dich, es tut mir Leid.

1. *e Reaktion*

2. *garstig sein*

✎ **Kreuz die richtige Antwort an!**

Ich möchte gern das ..... Kleid.
☐ rot ☐ rotes ☐ rote

Sie geht mit dem ..... Hund spazieren.
☐ kleinen ☐ kleinem ☐ kleine

Dieser ..... Kamm ist schmutzig.
☐ alten ☐ alte ☐ alter

Möchten Sie ein ..... Geschenk?
☐ teurer ☐ teurem ☐ teures

Wohin hast du deine ..... Jacke gelegt?
☐ neue ☐ neuer ☐ neues

Die ..... Dame geht in die Boutique.
☐ junges ☐ junge ☐ junger

Mach dir ..... Sorgen, Helga!
☐ keines ☐ keinen ☐ keine

„**J**etzt kommt gerade der Lehrer[1] Mosel, und ich habe meine Hausaufgaben[2] nicht gemacht." „Hier, nimm[3] meine!", sagt Helga. „O, ich bin dir so dankbar. Ich verdiene das alles gar nicht. Kannst du mir jemals verzeihen?"

1. *r Lehrer*

2. *e Hausaufgabe*

3. *nehmen*

✎ **Wie heißen die Gegenstände?**
Verbinde das Wort mit dem Bild!

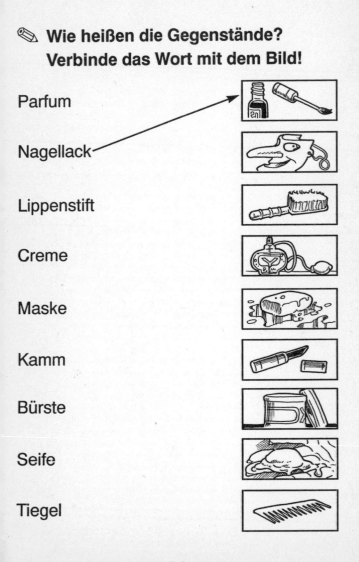

Parfum

Nagellack

Lippenstift

Creme

Maske

Kamm

Bürste

Seife

Tiegel

Die Maske verschwindet nun langsam mit etwas Salzwasser. Margot und Helga sind wieder enge[1] Freundinnen. Margot lebt nun nicht mehr nur für ihre Eitelkeit. Sie geht lieber zur Schule[2], weil sie verstanden hat, wie nützlich es sein kann.

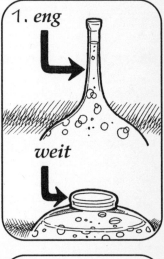

1. *eng*

weit

2. *e Schule*

SCHULE

30

✎ **Füll folgenden Fragebogen aus!**

Gehst du gerne in die Schule? Warum?

....

Was kaufst du dir für dein Taschengeld?

....

Was machst du am Wochenende?

....

Schminkst du dich?

....

Kaufst du in der Parfumerie ein?

....

Treibst du Sport? Welchen?

....

Warum ist die Schule wichtig?

....

.... ERSTE LEKTÜREN ....

Beaumont	DIE SCHÖNE UND DAS BIEST
Beitat	DIE ZWERGE IM WALD
Beitat	DER KOMMISSAR
Beitat	HERKULES
Dumas	DIE DREI MUSKETIERE
Grimm	ASCHENPUTTEL
Grimm	HÄNSEL UND GRETEL
Müller	BARBAROSSA
Müller	DER WEIHNACHTSMANN
Schiller	WILHELM TELL
Schmid	DER GEIST MURFI
Schön	DER UNFALL
Schön	FINDE DAS GOLD!
Spyri	HEIDI
Stoker	DRACULA
Wagner	DIE MASKE
Wallace	BEN HUR
Wallace	KING KONG

.... SEHR EINFACHE LEKTÜREN ....

Ambler	TOPKAPI
A. Doyle	DIE MUMIE
I. Doyle	SHERLOCK HOLMES
Grem	ATTILA DER HUNNENKÖNIG
Krause	FRANKENSTEIN GEGEN DRACULA
Laviat	DIE FLUCHT AUS ALCATRAZ
Paulsen	ALBTRAUM IM ORIENT EXPRESS
Pichler	BONNIE UND CLYDE
Pichler	DER HAI
Pichler	TITANIC
See	WO IST DIE ARCHE NOAH?
See	DIE SCHATZSUCHE
Stevenson	DR. JEKILL UND MR. HYDE
Straßburg	TRISTAN UND ISOLDE

.... VEREINFACHTE LESESTÜCKE ....

Beitat	DAS AUGE DES DETEKTIVS
Beitat	DIE GESCHICHTE VON ANNE FRANK
Beitat	GESPENSTERGESCHICHTEN
Beitat	SIEGFRIED HELD DER NIBELUNGEN
Beitat	TILL EULENSPIEGEL
Berger	IN DER HAND SCHINDLERS
Brant	DAS NARRENSCHIFF

Brentano	RHEINMÄRCHEN
Busch	MAX UND MORITZ
Gaber	DAS MONSTER VON BERLIN
Goethe	FAUST
Grimmelshausen	SIMPLICIUS SIMPLICISSIMUS
Grund	DIE MUMIE
Grund	DRACULAS ZÄHNE
Heider	VERSCHWUNDEN IN OST-BERLIN
Herrig	DIE PRINZESSIN SISSI
Hoffmann	STRUWWELPETER
Kopetzky	DAS BERMUDADREIECK
Raupl	ROMMEL DER WÜSTENFUCHS
Shelley	FRANKENSTEIN

.............LEKTÜREN OHNE GRENZEN ....

Fontane	EFFI BRIEST
Wagner	DER RING DES NIBELUNGEN

.... VERBESSERE DEIN DEUTSCH ....

Büchner	LEONCE UND LENA
Chamisso	PETER SCHLEMIHLS GESCHICHTE
Eichendorff	AUS DEM LEBEN EINES TAUGENICHTS
Goethe	DAS MÄRCHEN
Goethe	DIE LEIDEN DES JUNGEN WERTHER
Grimm	AUSGEWÄHLTE MÄRCHEN
Grimm	DEUTSCHE SAGEN
Hauff	ZWERG NASE
Hoffmann	DER GOLDENE TOPF
Hoffmann	SPIELERGLÜCK
Kafka	DIE VERWANDLUNG
Kafka	IN DER STRAFKOLONIE
Keller	DIE DREI GERECHTEN KAMMACHER
Lessing	FABELN UND ERZÄHLUNGEN
Rilke	DIE LETZTEN
Schiller	WILHELM TELL
Schnitzler	DIE TOTEN SCHWEIGEN
Storm	IMMENSEE
Wedekind	DAS OPFERLAMM

.... TASCHENBÜCHER ....

Gotthelf	DIE SCHWARZE SPINNE
Hoffmann	MÄRCHEN
Lessing	EMILIA GALOTTI
Lessing	NATHAN DER WEISE

© 2000 *La Spiga languages* · DRUCK IN ITALIEN **TECHNO MEDIA REFERENCE** · MAILAND
VERTRIEB **MEDIALIBRI S.R.L.** VIA IDRO 38, 20132 MAILAND · ITALIEN · TEL. 0227207255 · FAX 022567179